AF388859

CATALOGUE
DE LIVRES

RARES ET CURIEUX

EN TOUS GENRES

SUR L'ARCHITECTURE

A figures, Gothiques, etc.

2ᵉ partie de la Bibliothèque de

M. K., de Neuchâtel (Suisse),

Dont la vente aura lieu le Mercredi 8 Octobre, à une heure de relevée,

HOTEL DES VENTES MOBILIÈRES,

Rue Drouot, 5, et rue Rossini, 6,

Par le ministère de Mᵉ FOURNEL, Commissaire-Priseur,
rue de l'Echiquier, 40.

———

PARIS

BAILLIEU, LIBRAIRE

QUAI DES GRANDS-AUGUSTINS, 43

1862

CONDITIONS DE LA VENTE.

———

Les Adjudicataires payeront, en sus du prix des adjudications, cinq centimes par franc applicables aux frais.

Les Livres vendus devront être collationnés sur place dans les vingt-quatre heures. Passé ce délai ou une fois sortis de la salle de vente, ils ne seront repris pour aucune cause.

Les articles au-dessous de 12 fr. ne seront admis à rapport que dans le cas où ils seraient incomplets par l'enlèvement de feuillet ou portion de feuillet emportant du texte. Ils ne seront pas repris pour taches, mouillures, déchirures, piqûres et autres défectuosités.

M. BAILLIEU, chargé de la vente, remplira les commissions des personnes qui ne pourraient y assister.

———

ORDRE DE LA VACATION:

Du numéro 1 à la fin.

CATALOGUE

1. Le testament de Jérôme Sharp, professeur de physique amusante, par Decremps. Paris, 1781, 1 vol. in-8 demi-rel.

2. La peinture, poeme en trois chants, par Lemierre. *Paris*, S. D., 1 vol. in-4 veau filets. Jolies figures de Cochin.

3. Œuvres choisies de Condillac. Paris, 1796, 2 vol. in-4 cartonnés, non rognés, exempl. en papier vélin, portrait.

4. L'introdvction av traité de la conformité des merveilles anciennes avec les modernes, ov traité préparatif à l'apologie pour Hérodote. Sur les Hasles, 1607, 1 vol. in-8 vélin. *Légères piqûres au bas de la marge.*

5. Edict du roy sur les articles accordez au dvc de Mercœvr, pour la rédvction et des villes de Nantes et autres de la Bretagne en l'obéissance de Sa Majesté. Angers, 1598, in-8 cart.

6. Les Chastelains de Lille, leur ancien estat, office et famille, Ensemble des forestiers et comtes anciens de Flandre. Lille, C. Beys, 1611, 1 vol. in-4 vélin.

7. Salomon Gessners, Schriften. Zurich, 1777, 2 vol. in-4, jolies figures, brochés non rognés.

8. Le Diable dans un bénitier, et la métamorphose du Gazetier cuirassé en mouche, par Pierre Le Roux. Paris, imprimerie royale, avec la caricature, 1 vol. in-8 veau.

9. Les épigrammes de Gombavld, divisez en trois livres. Paris, A. Covrbé, 1657, 1 vol. in-12 cartonné.

10. Œuvres de Clément Marot, revues sur plusieurs manuscrits et sur plus de quarante éditions, avec les ouvrages de Jean Marot son père et de Michel

Marot son fils. La Haye, 1731, 4 vol. in-4 veau, édition encadrée.

11. Ordonnances et instructions sur les monnaies. T'Antwerpen, 1634, 1 vol. format d'agenda, contenant environ 3000 empreintes de monnaies, le texte en flamand.

12. Gollvt. Les mémoires historiques de la républicve sequanoise, et des princes de la Franche-Comté de Bovrgogne. Dole, 1592, 1 vol. in-fol. vélin.

13. Histoire de l'abbaye royale de Saint-Germain-des-Prez, contenant la vie des abbez qui l'ont gouvernée, etc., par J. Bouillart. Paris, 1724, 1 vol. in-folio veau.

14. Boileau. Œuvres diverses, avec le traité du sublime. Paris, D. Thierry, 1701, 1 vol. in-4 veau.

15. Dorat. Fables nouvelles. *La Haye*, 1773, 1 vol. in-8, quantité de jolies vignettes de Mariller.

16. Dorat. Recueil de contes et de poèmes. La Haye, 1770, 1 vol. grand in-8 veau, jolies vignettes d'Eisen, Mariller, etc.

17. Bossuet. Instruction sur les estats d'oraison, ou sont exposées les erreurs des faux mystiques de nos jours, avec les actes de leur condamnation, par J.-B. Bossuet. *Paris, Anisson*, 1697, in-8 veau.

18. Contes et nouvelles en vers, par J. de La Fontaine. 1777, 2 vol. in-8 veau écaille, filets, d. s. tr. Copie des figures des fermiers généraux.

19. Histoire de Gil-Blas de Santillane, par Lesage, édition collationnée sur celle de 1747, corrigée par l'auteur. Paris, Lefèvre, 1820, 3 vol. in-8 rel. en maroquin rouge, dent., d. s. tr. Bel exempl., avec de jolies vignettes par Desenne.

20. Essai sur l'homme, par M. A. Pope, traduction française, par M. S***. Lausanne, 1745, jolies vig. et portrait gravés par Ville sur le titre, in-4 cart., non rogné.

21. Montaigne. Les essais du seigneur de Montaigne, édition nouvelle prise sur l'exemplaire trouvé au décès de l'Auteur. Paris, Langelier, 1598, 1 gros vol. in-8 vélin.

Taché d'huile. Il manque le feuillet 1161-1162.

22. Œvvres de M. François Rabelais, doctevr en médecine, contenant cinq livres de la vie, faicts et dits héroïques de Gargantua et de son fils Pentagruel. Lyon, Jean Martin, 1 vol. petit in-8 cart.

23. Les œuvres de M. François Rabelais, contenant cinq livres de la vie, faicts héroïques de Gargantua et de son fils Pentagruel, etc. Anvers, par Fr. Nierg, 1573, 1 vol. in-16 vélin.

24. Les œuvres françoises de Joachim Du Bellay, gentilhomme angevin et poëte excellent de ce temps. *Lyon, Antoine de Harsy*, 1575, in-8 maroq. vert, tr. dorée (Petit).

25. Il decameron di messer Giovanni Boccacci, cittadino fiorentino, si come lo diedero alle stampe gli SS^{ri} Giunti, l'anno 1527. *In Amsterdamo, (à la Sphère)*, 1665, in-12 maroq. vert, tr. dorée (Duru).

Très-bel exempl.; près de 147 millim.

26. Description historique de l'église collégiale et paroissiale de Notre-Dame à Bruges, avec une histoire chronologique de tous les prévôts; suivie d'un recueil des épitaphes anciennes de cette église, par M. Beaucourt. Bruges, 1773, 1 v. in-4.

27. Ciceronis opera omnia cum Gruteri et selectis variorum notis et indicibus locupletissimis accurante C. Schrevelio. Amstelodami, apud Lud. et Danielem Elzevirios, 1661, 2 vol. in-4 veau.

28. Fr. Junii de pictura veterum libri tres, *tot in locis emendati, ut plane novi possint videri*. Acced. catalogus architectorum, pictorum, statuariorum, etc. Amstelodami, 1694, in-folio vélin cordé.

29. Traité des pierres gravées par P.-J. Mariette. *Paris, de l'imprimerie de l'auteur*, 1750, 2 vol. petit in-fol., fig., demi-rel.

30. Verona illustrata, (auct. J. Maffei). *Verona,*
1732, 4 vol. gr. in-8, fig., basane.

31. Memorie per servire alla storia della romana ac-
cademia de S. Lucca, fino alla morte di Antonio
Canova, compilati da M. Misserini. *Roma, 1823,*
in-4 cart.

32. Memorie encyclopediche romane sulle belle
arti, antichita, etc. *Roma,* 1806, 5 vol. in-4, fig.
cart. non rogné.

33. Dissertazione sopra l'anteriorita del barcio de'
piedi de sommi pontefici all' introduzione della
croce sulle loro scarpe o sandali. *Roma,* 1807,
in-4, fig. br.

34. Aedes Barbarinæ ad Quirinalem a comite Hie-
ronymo Tetio descriptæ. *Romæ, Mascardus,* 1642,
in fol. fig. vél.

Première édition.

35. Poëmes dramatiques de T. Corneille, 2. partie.
Imprimé à Rouen et se vendent à Paris chez A.
Courbé et G. de Luyne, 1661, front. et fig. de Cho-
ueau et Le Doyen, petit in-8 vél.

Édition originale. Très-bel exempl.

36. Pauli Jovii novcomensis elogia virorum bellica
virtute illustrium. *Basilea, Perno,* 1575. — Elogia
virorum literis illustrium, quotquot vel nostra,
vel avorum memoria vixere. *Basilea,* 1577, 2 vol.
en un, portraits grav. en bois et bordures, in-fol.
peau de truie.

37. Centi-folium stultorum, in-4. Oder hundert aus-
bundige, narren in-fol. *Nurnberg,* S. D., 1 v. in-4
contenant 100 planches gravées en taille-douce.

38. Psalterium copto-arabicum, cum cantico Mosis,
etc., edidit Raphael Tuki. *Romæ,* 1744.
Rare, vendu 25 fr. 50 c. de Sacy.

39. Vie de St Rupert et de Ste Hildegarde. Vorrede
und anzeige des Herkommens St Ruprechts. —

Leben Sant Hildegardis. *S. L. N. D. (Bâle vers 1500)* petit in-4 non rel.

42 feuillets chiffrés signat. A-L, avec 22 grandes gravures en bois.

40. 𝕾𝖚𝖒𝖒𝖆 𝖆𝖉 𝖒𝖔𝖉𝖚𝖒 𝖚𝖙𝖎𝖑𝖎𝖘 𝖊𝖙 𝖋𝖗𝖚𝖈𝖙𝖚𝖔𝖘𝖆 𝖙𝖍𝖊𝖔𝖑𝖔𝖌𝖆𝖑𝖎𝖘 𝖊𝖙 𝖈𝖆𝖓𝖔𝖓𝖎𝖈𝖆 𝖘𝖚𝖇 𝖋𝖑𝖔𝖗𝖊𝖙𝖚𝖒 𝖕𝖊𝖗 𝖒𝖆𝖌𝖓𝖊 𝖑𝖎𝖙𝖙𝖊𝖗𝖆𝖙𝖚𝖗𝖊 𝖛𝖎𝖗𝖚𝖒. 𝕴𝖔𝖍𝖆𝖓𝖓𝖊 𝕵𝖆𝖗𝖘𝖔𝖓 𝖈𝖆𝖓𝖈𝖊𝖑𝖑𝖆𝖗𝖚𝖒 𝖕𝖆𝖗𝖎𝖘𝖎𝖊𝖓𝖘𝖎𝖘. Un vol. in-fol. *S. L. N. D.*, relié en vélin.

41. Les faicts et conquestes d'Alexandre-le-Grand, roy des Macédoniens, descripts en grec... par Arrian, traduicts en françoys par Cl. Witard. Paris, Fed. Morel, 1581, 1 vol. in-4 relié.

42. Histoire d'Herodian, excellent historien grec, traitant des faicts mémorables des successeurs de Marc Avrele, translatée de grec en françois par Jacqves des comtes de Vintimille. Paris, Fed. Morel, 1580, 1 vol. in-4 vélin.

43. 𝕷𝖊 𝖛𝖗𝖆𝖞𝖊, 𝖕𝖚𝖗𝖊, 𝖘𝖎𝖒𝖕𝖑𝖊 𝖓𝖆𝖗𝖗𝖆𝖙𝖎𝖔𝖓 𝖉𝖚 𝖗𝖊́𝖈𝖎𝖙 𝖉𝖚 𝖋𝖆𝖎𝖈𝖙 𝖉𝖊 𝖖𝖚𝖊𝖘𝖙𝖎𝖔𝖓 𝖊𝖓𝖙𝖗𝖊 𝕮𝖍𝖆𝖗𝖑𝖊𝖘 𝖁, 𝖊𝖒𝖕𝖊𝖗𝖊𝖚𝖗, 𝖊𝖙 𝕲𝖚𝖎𝖑𝖑𝖆𝖚𝖒𝖊 𝖉𝖚𝖈 𝖉𝖊 𝕮𝖑𝖊̀𝖛𝖊𝖘 𝖘𝖆𝖓𝖘 𝖆𝖚𝖈𝖚𝖓𝖊 𝖕𝖗𝖊𝖘𝖙𝖗𝖎𝖈𝖙𝖎𝖔𝖓 𝖔𝖚 𝖉𝖊𝖘𝖌𝖚𝖎𝖘𝖊𝖒𝖊𝖓𝖙, 𝖆𝖛𝖊𝖈 𝖚𝖓𝖌 𝖗𝖊𝖈𝖚𝖊𝖎𝖑 𝖉𝖊𝖘 𝖛𝖊𝖓𝖉𝖎𝖙𝖎𝖔𝖓, 𝖈𝖊𝖘𝖘𝖎𝖔𝖓, 𝖈𝖔𝖓𝖋𝖎𝖗𝖒𝖆𝖙𝖎𝖔𝖓 𝖉𝖊 𝖑𝖆 𝖈𝖊𝖘𝖘𝖎𝖔𝖓, 𝖊𝖙𝖈. 𝖉𝖊𝖘 𝖉𝖚𝖈𝖍𝖊́ 𝖉𝖊 𝕲𝖊𝖑𝖉𝖗𝖊 𝖊𝖙 𝖈𝖔𝖓𝖙𝖊́ 𝖉𝖊 𝖅𝖚𝖙𝖕𝖍𝖊𝖓, 𝖋𝖆𝖎𝖈𝖙𝖟 𝖙𝖆𝖓𝖙 𝖕𝖆𝖗 𝕲𝖊𝖗𝖆𝖗𝖉 𝖉𝖚𝖈 𝖉𝖊 𝕵𝖚𝖑𝖎𝖊𝖗𝖘, 𝖑𝖊́𝖌𝖎𝖙𝖎𝖒𝖊 𝖘𝖚𝖈𝖈𝖊𝖘𝖘𝖊𝖚𝖗 𝖉𝖊𝖘 𝖉𝖎𝖙𝖘 𝖕𝖆𝖞𝖘 𝖕𝖆𝖗 𝖘𝖊𝖘 𝖊𝖓𝖋𝖆𝖓𝖘 𝕬𝖉𝖔𝖑𝖕𝖍𝖊 𝖊𝖙 𝕲𝖚𝖎𝖑𝖎𝖆𝖒, 𝖕𝖑𝖚𝖘𝖎𝖊𝖚𝖗𝖘 𝖋𝖔𝖎𝖘 𝖈𝖔𝖓𝖋𝖎𝖗𝖒𝖊𝖟, 𝖊𝖙𝖈. *Anvers, Ant. des Gois, 1544, petit in-4, cart.*

Très-rare.

44. Pernicieuse entreprise des gens de la religion prétendue reformée sur la garnison à Navarrins en Bearn, et la punition mémorable qui en esté faicte sur les lieux. *Paris, P. Rocollet*, 1620, petit in-8 cart.

45. Response véritable aux lettres patentes et persuasions abusives de don Jan d'Austrice. *A Anvers, de l'imprimerie de Christophle Plantin, 1578.* — Response des Etats-Généraulx du Pays-Bas, à la proposition qui leur a esté faite au nom de la

sacrée Majesté impérialle. *Anvers, Chr. Plantin,* 1578, 2 pièces dans un vol. petit in-4 cart.

46. Sensuyt le grant ordinaire des chrestiens : q. enseigne à chascun bon chrestien la voye et le chemin d'aller en paradis, et déclare la joye et félicité des sauuez, et pareillement la misérable peine et tourment des dampnez, imprimé nouvellement à Paris, **XXXII**, à la fin cy finit, etc., imprimé par Alain, Lotrian, 1 vol. in-4 demi-rel. Bel ex.

47. Hystoria troiana guidonis de Columna. S. L. N. D., 1 vol. in-4 demi-rel. parchemin.

48. Le grant herbier en françois, contenant les qualités, vertus et propriétez des herbes, gommes, semences, etc., extraict de plusieurs traictez de médecine, comme de Avicennes, Rasis, Constantin, Isaac, etc., on les vend à Paris, en la rue Neufve-Nostre-Dame, à l'enseigne de l'Escu-de-France, 1 vol. petit in-4 vélin, quantité de figures sur bois.

49. Vetervm aliqvot ac recentivm medicorvm philosophorvmq. icones ex bibliotheca J. Sambvci cvm eiusdem ad singvlas elogiis. Amsterodami, 1612, 1 vol. in-fol. demi-rel., portraits dans de jolis entourages.

50. Index picturarum chalcographicarum historiam veteris et novi testamenti, etc. A. Ph. A. Kiliano. Augsbourg, S. D., ce recueil contient 130 planches, 1 vol. in-fol. vélin.

51. Recueil de 60 portraits de rois et empereurs d'Occident, 1 vol. grand in-8 ; montés en album.

52. PLANTZ, POURTRAITZ et descriptions de plusieurs villes et forteresses tant de l'Europe, Asie, Afrique que des Indes et terres neuues, leurs fondations, antiquitez et manières de viure, par Ant. du Pinet. *Lyon, d'Ogerolles,* 1564, in-fol. maroq.

rouge à comp., tr. dor. (anc. rel. aux armes).
(*Piqûre dans la marge*).

Très-rare. Plans de Paris, Lyon, Bordeaux, Genève, Perpignan, etc. grav.
en bois. Ex. de Guyon de Sardière.

53. THEATRUM INSTRUMENTORUM et machinarum Jacobi
Bessoni, Delphinatis, mathematici igeniosissimi.
Cum Beroaldi figurarum declaratione demonstra-
tiva. *Lugduni, apud Barth. Vincentium*, 1578, gr.
in-fol. 60 planches, vélin.

ANDROUET DU CERCEAU a gravé une partie des curieuses planches. Brunet
I. col. 828.

54. LIBER VERITATIS, or a collection of two hundred
(300) prints, after the original dessigns of Claude
le Lorrain, in the collection of his grace the Duke
of Devonshire, executed by Richard Earlom, in
the manner and taste of the drawings, to wich is
added descriptive catalogue of each print, together
with the names of those for whom and of the
places for which the original pictures were first
painded, (taken from the handwriting of Claude
le Lorrain himself on the back of each drawing
and of the present professors of many of the original pictures). *London, John Boydell*, 1777-1819,
3 vol. in-folio veau rac.

Très-belles épreuves anciennes, rares et recherchées.
Le titre porte 200, mais l'exemplaire a 300 planches à cause du troisième
volume.

55. LES RAISONS DES FORCES MOUVANTES, avec diuer-
ses machines tant utiles que curieuses, ausquelles
sont adjoints plusieurs dessins de grotes et fon-
taines, par Salomon de Caus, architecte du roy.
Paris, Hiérosme Drouard, 1624. — Second livre.
Paris, 1624 (manque la 28me planche de cette 2me
partie). — Le troisième liure traitant de fabrica-
tion des orgues. *Paris, S. D.* La pratique et dé-
monstration des horloges solaires, etc., par Salomon de Caus, architecte du roy. *Paris, Drouard*,
1624, 4 parties en un vol. grand in-fol. fig. vél.

Rare. Le dernier ouvrage est dédié au Cardinal de Richelieu.

56. Rosario della sanctissima vergini Maria con li miracoli, bolle, indvlgenze, etc., in Vinegia Prezzo Bern. Giunti, 1587. Ce recueil contient 24 grandes gravures et nombre de cartouches et lettres ornées gravées en taille-douce.

57. Don Calmet. Histoire généalogique de la maison du Chatelet, branche puînée de la maison de Lorraine. Nancy, Cusson, 1751, 1 vol. in-fol. veau, figures. Bel ex.

48. GODEFROY. Histoire des connestables, chanceliers, et gardes des sceavx, mareschaux, admiravx, intendants... grands maistres de la maison du roy et prévots de Paris, avec leurs armes et blasons, ouvrage commencé par Jean le Féron, en 1555, et continué par D. Godefroy. Paris, imprimerie royale, 1658, 1 vol. grand in-folio veau, contenant 583 grands écussons.

59. VÉRITABLES PORTRAITS des empereurs turcs et princes persans, ainsi que d'autres héros et héroïnes ottomans, etc. Francfort, 1648 (en allemand), avec la traduction manuscrite en regard. Joli recueil composé de 47 portraits ornés de charmants entourages, par Th. de Bry, 1 vol. in-4 maroquin, compartiments, d. s. tr.

60. Der stat nurnberg verneute Reformation, 1564, in-folio.
5 feuillets imprimés sur VÉLIN, avec un frontispice gravé en bois.

61. Planche gravée à l'eau-forte, représentant l'entrée de Henri IV à Lyon, en 1595, in-folio oblong.
Gravure très-rare, la seule qui accompagne le traité de Mathieu, *Lyon*, Pierre Michel, 1595, et qui manque presque toujours dans ce précieux vol.

62. Optima scientia. Joli recueil, composé de 28 planches emblématiques. Très-bonnes épreuves accompagnées d'un texte allemand, petit in-folio demi-rel. vélin.

63. Portraits des Hongrois, des Pandours ou Croates, des Waradiens ou Esclavoniens, et des Ulans, etc., qui sont au service de la reine de Hongrie, etc. La Haye, 1742, 1 vol. in-fol. cart.

64. EPITOME DES GESTES des 58 roys de France, depuis Pharamond jusques au présent très-chrestien Françoys de Valoys. Lyon, Arnoullet, 1546, 1 vol. in-4 demi-rel. *Mouillé et un morceau du titre déchiré.*

C'est la première édition. Les portraits sont de Corneille.

65. PLANS, COUPES ET ÉLÉVATIONS de maisons de plaisances, palais, chateaux, seigneuries, etc., inventées et des. par Anckerman, 1 vol. in-folio composé de 425 planches environ.

Très-bon recueil.

66. ICONOGRAPHIA REGUM FRANCORVM, depuis Pharamond jusqu'au règne de Henri quatre de Bourbon. Cologne, 1598, 1 vol. in-4, très-jolies grav. sur cuivre de Virgilius Solis et J. Amman. Audessous de chaque portrait se trouve une scène de la vie du personnage. Le texte est en allemand.

67. Collection de vues pittoresques de l'Italie, dessinées d'après nature et gravées à l'eau-forte, à Rome, par trois peintres allemands, A. C. Dies, C. Reinhart, J. Mechan, contenant 72 planches. Nuremberg, 1799, 1 vol. grand in-folio, très-bonnes épreuves.

68. Danse des morts. — Die erwogene citelket menschlichen Dinge. *Linz*, 1777, 1 volume in-folio dérelié, 52 planches gravées par M. Rentz.

69. LES MÉTAMORPHOSES D'OVIDE en latin, traduites en françois, avec des remarqnes et des explications historiques, par l'abbé Banier. *Amsterdam*, 1732, 2 tomes en 1 vol. in-fol. veau.

Très-belles figures de B. Picart.

70. FABLES MORALES tirées dv royavme des animavx, povr servir à la correction des mœvrs. *Augspurg*, 1744, 1 vol. in-folio.

16 figures de Ridinger, bonnes épreuves.

71. Histoire des ordres religieux de l'un et de l'autre sexe, où l'on voit le temps de leur fondation... les figures de leurs habits, gravez par

Adrien Schoonebeck, divisée en deux tomes. *Amsterdam,* 1700, 2 vol. en 1, reliés.

72. LE TRIOMPHE de l'empereur Maximilien, en une suite de cent trente-cinq planches gravées en bois, d'après les dessins de Hans Burgmair. *Vienne,* 1796, 1 vol. grand in-folio demi-rel. cuir de Russie.

73. Quindicim mysteria rosary beatæ Mariæ Virginis. Recueil de huit jolies gravures doubles. Barbe fecit et execud. In-8 oblong.

74. Notitia Dignitatvm vtrivsqve imperii orientis scilicet et occidentis vltra arcadij honoriiqve tempora, et in eam G. Panciroli, etc. Genevæ, 1623, 1 vol. in-folio veau, filets, fig. sur bois.

75. La sainte Bible, contenant l'ancien et le nouveau testament, traduite en françois sur la vulgate, avec des notes pour l'intelligence des noms propres, par M. de Saci. Bruxelles, Foppens, 1705, 1 vol. in-folio demi-rel. parch. Exemp. non rogné.

76. Collection de 72 vignettes dessinées par Freudenberg, pour les contes de la reine de Navarre. En feuilles, grand in-8, non rogné.

77. L'abrégé du faux clergé romain, recueil de gravures satiriques, composé de 51 gravures, in-4 br. non rogné.

78. Florilegivm renovatvm et avctvm. Francfurt am Mein, 1 vol. in-folio vélin, grande quantité de fig. de plantes.
Quelques mouillures et raccommodages.

79. Quatre-vingt-deux planches pour les fables de La Fontaine, dessinées par Punt. 1758-1762, 1 vol. in-8 cart.

80. Le livre de portraitvre de Jo. François Barbier, excellent paintre italien, 1642, de l'impression de Mariette, 43 planches.

81. Abrégé de l'histoire universelle, en figures, ou

recueil d'estampes représentant les sujets les plus frappants d'histoire, etc., dessinées par Mariller et gravées par Duclos. Paris, 1785, 1 vol. grand in-8, papier vélin, relié en veau, dentelle, d. s. t. *Une petite mouillure au titre,* quantité de figures.

82. SECONDE SUITE D'ESTAMPES pour servir à l'histoire des modes et du costume en France dans le 18ᵉ siècle, année 1776. Paris, chez Moreau, graveur du cabinet du roi, 12 charmantes scènes, Belles épreuves.

83. JOURNAL DES DAMES ET DES MODES, années 1805 à 1826, 1ᵉʳ semestre. Il manque les années 1817 et 1822. Chaque année se compose de 2 vol. et contient 52 fig. de modes coloriées; en tout 39 vol. in-8 demi-rel.

84. CABINET DES MODES, ou les modes nouvelles, habillements et parures, meubles, voitures, bijoux, orfévrerie. Paris, 1786, 1 vol. in-8 relié, contenant 36 planches coloriées.
Très-rare.

85. MAGASIN DES MODES nouvelles, habillements et parures, meubles, voitures, bijoux, orfévrerie. Paris, 1786 et 1787, 2 vol. in-8 renfermant 76 pl., contenant chacune plusieurs costumes.
Très-rare.

86. RIDINGER. Recueil de diverses chasses. Augsbourg, 1761, 1 vol. grand in-fol. composé de 22 planches en très-bonnes épreuves, d'une parfaite conservation. Le texte est en Allemand, cart.

87. Traité de vénerie et de chasses, savoir : du cerf, du daim, du chevreuil, du lièvre, du sanglier, du loup, du renard, du lapin, etc. (par Goury de Grandchamp). *Paris, J. B. Hérissant,* 1769, in-4, fig., demi-rel.

88. Nouveaux trophées ou cartouches représentant les arts et les sciences, composés par Mariller. Paris, Modhare, in-fol. de 12 planches.

89. Pierretz le Ieune. Cheminées de nouvelle invention. Paris, l'auteur, rue St-Martin, 1666, 6 pl.

90. Leblond. Tabernacles. Leblond, avec privilège, 6 planches.

91. Lepôtre. Cheminées à l'italienne, nouvellement inventées et gravées par J. Lepautre, 1665. Paris, Jollain, 6 planches.

92. Lepôtre. Cheminées. J. Lepôtre, invent. et fecit. Se vend chez Leblond, rue St-Denis, à la *Cloche d'Argent*, 12 planches.

93. Lepôtre. Cheminées à l'italienne, nouvellement inventées et gravées par J. Lepautre. Ce *(sic)* vendent chez Mariette, 6 planches.

94. Lepôtre. Portes-cochères inventées et gravées par J. Lepôtre. Paris, Mariette, 6 planches.

95. Lepôtre. Galeries et panneaux. J. Lepôtre, inv. et fecit. Se vendent chez l'autheur, rue du *Vert-Bois*, 6 planches.

96. Lepôtre. Cheminées. J. Lepôtre, fec. Paris, Mariette, 14 planches.

97. Lepôtre. Tabernacles. J. Lepôtre, invent. et f. Se vendent chez Leblond, rue St-Denis, à la *Cloche d'argent*, 10 planches.

98. Lepôtre. Cheminées à la romaine, inventées et gravées par Iean Le Pôtre. Paris, Mariette, 5 pl. — Cheminées à la moderne, par le même. Mariette, 1661, 6 pl.; en tout 11 planches.

99. Lepôtre. Grandes cheminées à la romaine, inventées et gravées par Lepôtre. Ce *(sic)* vendent chez P. Mariette, 10 grandes planches. Lepôtre, fecit., Leblond, ex.

100. Lepôtre. Alcoves, 6 grandes planches. Lepôtre, inv., Leblond, ex.

101. Lepôtre. Cartels. Lepôtre, fecit., Mariette et Leblond, ex., 4 grandes planches.

102. LEPOTRE. Trophées médalliques des sei-

gneurs de Rostaing, 1661, grand in-folio broché, composé de 14 planches, dont une double. *Il y a des mouillures et un peu de la marge est rongée.*
Recueil très-rare ; les marges sont grandes.

103. RÉNÉ BOIVIN. Liure de la conqueste de la Toison-d'Or, par le prince Iason de Tessalie, faict par figures, avec exposition d'icelles, par Tyri de Belges, gravées par Réné Boivin. Paris, 1563, 1 vol. in-folio, composé de 26 planches, rel. en vélin, avec quatre vers d'explication au bas, précédées de quatre feuillets de texte.
Très-bel exemplaire d'un recueil fort rare.

104. Recueil des fondations et établissements faits par le roi de Pologne..., qui comprend la construction d'une nouvelle place dans la ville de Nancy. Lunéville, 1762, 1 vol. in-fol. veau, *avec les vues des bâtiments, et les grilles exécutées par l'Amour.*

105. L'AMOUR. Recueil des ouvrages de serrurerie que Stanislas le Bienfaisant a fait poser sur la place royale de Nancy, composé et exécuté par Jean l'Amour. Nancy, l'auteur, 1 vol. grand in-fol. composé de 20 planches de diverses grandeurs.

106. KILIAN. Alphabet composé par L. Kilian. 1632, 1 vol. petit in-fol. cart., non rogné. Les ornements de cet alphabet sont charmants. *Quelques taches d'humidité.*

187. CUVILLIÉS. Morceaux de caprice à divers usages, inventés par F. de Cuvilliés, architecte de S. M. impériale. Se vend chez de Poilly. Bâtiments et jardins, 2 vol. in-fol. demi-rel. Le tome 1er est entièrement composé d'ornements.

108. LIVRE NOUVEAU, ou règles des cinq ordres d'architecture, par Vignole. *Paris,* 1767, 1 vol. in-fol. demi-rel.
128 planches d'ornements, serrurerie, décoration intérieure, par Blondel, Cuvilliés, Mansart, Martinet, Cochin, etc.
Un trou de vers dans la marge du bas.

109. Plan qui représente les apartemens où se tiennent les séances et délibérations à la présente diète générale de l'empire, tout mis en taille-douce au vif et rendu public, par A. Geyer. *A Ratisbonne, S. D.*, 1 vol. in-4 oblong, 8 planc.

110. LE SECOND LIVRE de diverses ornemens de feuillages, en forme de panneaux, inventez et gravez par A. Ducerceau (les pl. 7, 8 et 12 de la suite). — Carosses, chaises à porteurs, etc., 4 pièces in-fol. oblong, sans nom de graveur et sans date. — Et une autre planche d'ornements.

111. LIVRE D'ARCHITECTURE de Iaqves Adrovet dv Cerceav, contenant les plans et dessaings de cinqvante bastimens tovs différens, povr instrvire cevx qvi désirent bastir. Paris, J. Berjon, 1611, 1 vol. in-fol.

112. BLONDEL. De la distribution des maisons de plaisance et de la décoration des édifices en général, par Blondel, ouvrage enrichi de 160 planches gravées par l'auteur. *Paris, Jombert,* 1737, 2 vol. in-4 veau.

113. Recueil d'ornements, composé de trente planches par Cock, montées sur papier bleu, 1565, 1 vol. in-fol. demi-rel.

114. Plafond de la chambre du lit de M. le baron de Tessin, surintendant des bâtiments et jard. R. de Suède, gravé par S. le Clerc, 10 pièces (complet).

115. HUME. Histoire d'Angleterre. Londres, 1760, 7 vol. in-4 rel. en maroquin rouge, filets, d. s. t., ornés des jolis portraits d'Odieuvre. Très-bel ex. en grand papier.

116. RECUEIL D'ESTAMPES d'après les tableaux des peintres les plus célèbres d'Italie, des Pays-Bas et de France, qui sont à Aix, dans le cabinet de M. Boyer d'Aguillet, gravées par J. Colemans, d'Anvers. Paris, Mariette, 1744, superbe exempl.-avant les numéros, 1 vol. très-grand in-fol. veau.

Lille, imp. Horemans.